مدرسه - école
سفر - voyage
حمل و نقل - transport
شهر - ville
چشم انداز - paysage 14
رستوران - restaurant 17
سوپرمارکت - supermarché 20
نوشیدنی ها - boissons 22
غذا - alimentation 23
مزرعه - ferme 27
خانه - maison 31
اتاق نشیمن - salon 33
آشپزخانه - cuisine 35
حمام - salle de bain 38
اتاق بچه - chambre d'enfant 42
لباس - vêtements 44
اداره - bureau 49
اقتصاد - économie 51
مشاغل - professions 53
ابزارآلات - outils 56
آلات موسیقی - instruments de musique 57
باغ وحش - zoo 59
ورزش ها - sports 62
فعالیت ها - activités 63
خانواده - famille 67
بدن - corps 68
بیمارستان - hôpital 72
موقعیت اضطراری - urgence 76
کره زمین - terre 77
ساعت - ...heure(s) 79
هفته - semaine 80
سال - année 81
اشکال - formes 83
رنگ ها - couleurs 84
متضاد ها - oppositions 85
اعداد - nombres 88
زبان ها - langues 90
چه کسی / چه چیزی / چگونه - qui/quoi/comment 91
کجا - où 92

Impressum
Verlag: BABADADA GmbH, Nedderfeld 112 , 22529 Hamburg
Geschäftsführer / Verlagsleitung: Harald Hof
Druck: Books on Demand GmbH, In de Tarpen 42, 22848 Norderstedt

Imprint
Publisher: BABADADA GmbH, Nedderfeld 112 , 22529 Hamburg, Germany
Managing Director / Publishing direction: Harald Hof
Print: Books on Demand GmbH, In de Tarpen 42, 22848 Norderstedt, Germany

1

مدرسه
école

کیف مدرسه
cartable

جامدادی
trousse

مداد
crayon

تراش
taille-crayon

پاک کن
gomme

لغت نامه ی تصویری
dictionnaire visuel

دفتر رسم

carnet à dessin

طراحی

dessin

قلم مو

pinceau

جعبه ی آبرنگ

boîte de peinture

قیچی

ciseaux

چسب

colle

کتاب تمرین

cahier d'exercices

تکلیف خانه

devoirs

12

رقم

chiffre

جمع کردن

additionner

تفریق کردن

soustraire

ضرب کردن

multiplier

محاسبه کردن

calculer

حرف الفبا

lettre

الفبا

alphabet

مدرسه - école

کلمه
mot

متن
texte

خواندن
lire

گچ
craie

درس
leçon

ثبت نام
livre de classe

امتحان
examen

مدرک رسمی
certificat

لباس مدرسه
uniforme scolaire

تحصیلات
formation

دانشنامه
lexique

دانشگاه
université

میکروسکوپ
microscope

نقشه
carte

سبد کاغذ باطله
corbeille à papier

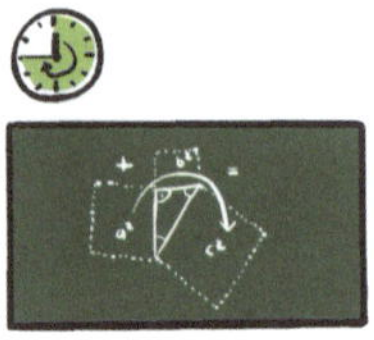

مدرسه - école

سفر

voyage

مسافرخانه / auberge
هتل / hôtel
صرافی / bureau de change
چمدان / valise
اتومبیل / voiture

زبان
langue

بله / خیر
oui / non

اکی
d'accord

سلام
Salut

مترجم
interprète

ممنون
merci

قیمت ... چه قدر است؟
Combien coûte...?

من متوجه نمی شوم
Je ne comprends pas

مشکل
problème

عصر بخیر! / شب بخیر!
Bonsoir !

صبح بخیر!
Bonjour !

شب بخیر!
Bonne nuit !

خدانگهدار
Au revoir

جهت
direction

بار سفر
bagages

کیف
sac

کوله پشتی
sac-à-dos

مهمان
hôte

اتاق
pièce

کیسه خواب
sac de couchage

خیمه
tente

مرکز راهنمای گردشگران
office de tourisme

ساحل
plage

کارت اعتباری
carte de crédit

صبحانه
petit-déjeuner

نهار
déjeuner

شام
dîner

بلیط
billet

آسانسور
ascenseur

مهر
timbre

مرز
frontière

گمرک
douane

سفارتخانه
ambassade

ویزا
visa

گذرنامه
passeport

سفر - voyage

حمل و نقل
transport

کشتی / navire
هواپیما / avion
ماشین آتش نشانی / véhicule de pompiers
اتوبوس / bus
کامیون / camion
قایق موتوری / bateau à moteur
اتومبیل / voiture
دوچرخه / bicyclette

کشتی مسافربری
ferry

قایق
barque

موتورسیکلت
moto

ماشین پلیس
voiture de police

ماشین مسابقه
voiture de course

ماشین کرایه ای
voiture de location

به اشتراک گذاری اتوموبیل

auto-partage

جرثقیل

voiture de remorquage

ماشین حمل زباله

benne à ordures

موتور

moteur

بنزین

essence

پمپ بنزین

station d'essence

تابلو راهنمایی و رانندگی

panneau indicateur

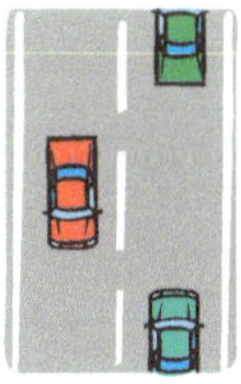

عبور و مرور

trafic

ترافیک

embouteillage

پارکینگ

parking

ایستگاه قطار

gare

ریل راه آهن

rails

قطار

train

قطار برقی

tramway

واگن

wagon

هلیکوپتر

hélicoptère

فرودگاه

aéroport

برج

tour

مسافر

passager

کانتینر

conteneur

کارتن

carton

گاری

chariot

سبد

corbeille

به پرواز درآمدن / فرود آمدن

décoller/atterrir

شهر
ville

دهکده

village

مرکز شهر

centre-ville

خانه

maison

کلبه
cabane

آپارتمان
appartement

ایستگاه قطار
gare

ساختمان شهرداری
mairie

موزه
musée

مدرسه
école

شهر - ville

دانشگاه	بانک	بیمارستان
université	banque	hôpital

هتل	داروخانه	اداره
hôtel	pharmacie	bureau

کتابفروشی	مغازه	گل فروشی
librairie	magasin	fleuriste

سوپرمارکت	بازار	فروشگاه بزرگ
supermarché	marché	grand magasin

ماهی فروش	مرکز خرید	بندر
poissonnerie	centre commercial	port

ville - شهر

پارک
parc

نیمکت
banque

پل
pont

پله
escaliers

مترو
métro

تونل
tunnel

ایستگاه اتوبوس
arrêt de bus

میخانه
bar

رستوران
restaurant

صندوق پست
boîte à lettres

تابلوی خیابان
panneau indicateur

دستگاه پارکومتر
parcmètre

باغ وحش
zoo

استخر شنای عمومی
piscine

مسجد
mosquée

شهر - ville

مزرعه
ferme

آلودگی محیط زیست
pollution

قبرستان
cimetière

کلیسا
église

زمین بازی
aire de jeux

معبد
temple

چشم انداز
paysage

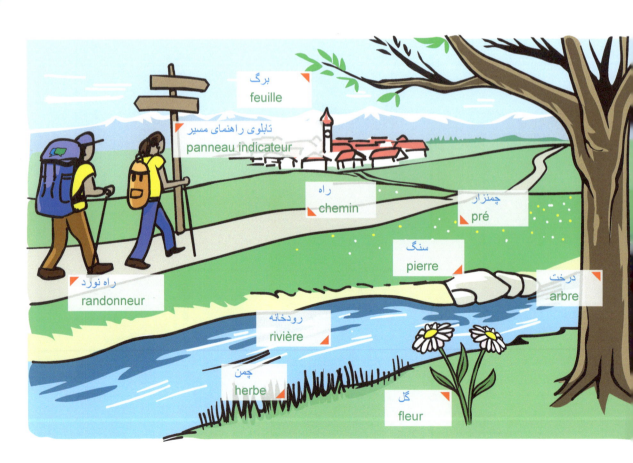

دره
vallée

تپه
montagne

دریاچه
lac

جنگل
forêt

بیابان
désert

کوه آتشفشان
volcan

قلعه
château

رنگین کمان
arc-en-ciel

قارچ
champignon

درخت نخل
palmier

پشه
moustique

مگس
mouche

مورچه
fourmis

زنبور
abeille

عنکبوت
araignée

چشم انداز - paysage

سوسک

coléoptère

قورباغه

grenouille

سنجاب

écureuil

جوجه تیغی

hérisson

خرگوش صحرایی

lapin

جغد

chouette

پرنده

oiseau

قو

cygne

گراز

sanglier

گوزن نر

cerf

گوزن شمالی

élan

سد آب

barrage

توربین بادی

éolienne

پنل خورشیدی

صفحه ی خورشیدی

panneau solaire

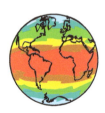

آب و هوا

climat

چشم انداز - paysage

رستوران
restaurant

پیش‌غذا
hors d'œuvre

غذای اصلی
plat principal

دسر
dessert

نوشیدنی‌ها
boissons

غذا
alimentation

بطری
bouteille

فست فود
fast-food

اغذیه خیابانی
plats à emporter

قوری
théière

قندان
sucrier

پُرس غذا
portion

دستگاه اسپرسو
machine à expresso

صندلی پایه بلند غذاخوری بچه
chaise haute

صورتحساب
facture

سینی
plateau

چاقو
couteau

چنگال
fourchette

قاشق
cuillère

قاشق چایخوری
cuillère à thé

دستمال سفره
serviette

لیوان
verre

رستوران - restaurant

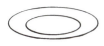

بشقاب

assiette

بشقاب سوپخوری

assiette à soupe

نعلبکی

soucoupe

سس

sauce

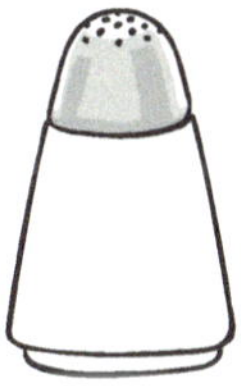

نمکدان

salière

فلفل ساب

moulin à poivre

سرکه

vinaigre

روغن خوراکی

huile

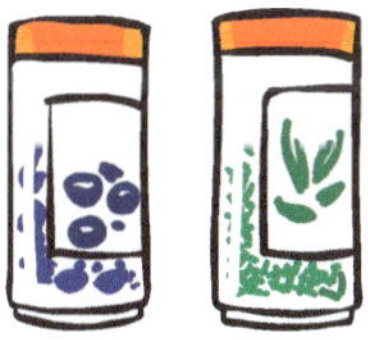

ادویه جات

épices

سس کچاپ

ketchup

سس خردل

moutarde

سس مایونز

mayonnaise

سوپرمارکت

supermarché

پیشنهاد ویژه
offre promotionnelle
مشتری
client
لبنیات
produits laitiers
میوه جات
fruits
چرخ دستی خرید
chariot

قصابی
....
boucherie

نانوایی
....
boulangerie

وزن کردن
....
peser

سبزیجات
....
légumes

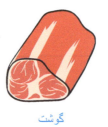

گوشت
....
viande

غذای منجمد
....
aliments surgelés

مخلوطی از انواع کالباس یا پنیر ک
ورقه ای بریده شده باشند
....
charcuterie

غذای کنسروی
....
conserves

پودر لباسشویی
....
poudre à lessive

شیرینی جات
....
bonbons

لوازم خانگی
....
articles ménagers

ماده شوینده و پاک کننده
....
détergents

فروشنده
....
vendeuse

صندوق پرداخت
....
caisse

صندوقدار
....
caissier

لیست خرید
....
liste d'achats

ساعات کار
....
heures d'ouverture

کیف پول
....
portefeuille

کارت اعتباری
....
carte de crédit

کیف
....
sac

کیسه ی پلاستیکی
....
sac en plastique

نوشیدنی ها
boissons

آب
eau

آبمیوه
jus de fruit

شیر
lait

نوشابه کوکاکولا
coca

شراب
vin

آبجو
bière

الکل
alcool

کاکائو
chocolat chaud

چای
thé

قهوه
café

قهوه اسپرسو
expresso

کاپوچینو
cappuccino

غذا

alimentation

موز — banane
سیب — pomme
پرتقال — orange

انواع هندوانه و خربزه — melon
لیمو — citron
هویج — carotte

سیر — ail
نی بامبو — bambou
پیاز — oignon

قارچ — champignon
آجیل — noisettes
ماکارونی — pâtes

اسپاگتی	برنج	سالاد
spaghetti	riz	salade

سیب زمینی سرخ کرده	سیب زمینی سرخ شده	پیتزا
pommes frites	pommes de terre rôties	pizza

همبرگر	ساندویچ	شنیتسل
hamburger	sandwich	escalope

ژامبون خوک	سالامی	سوسیس
jambon	salami	saucisse

مرغ	نوعی گوشت سرخ شده	ماهی
poulet	rôti	poisson

جوی پرک شده	نوعی صبحانه مخلوطی از برگه ذرت و میوه های خشک شده و خشکبار که معمولا با شیر خورده می شود	کورن‌فلکس
flocons d'avoine	muesli	cornflakes

آرد	کرواسان	نان بروتشن
farine	croissant	petits-pains

نان	نان تست	بیسکویت
pain	pain grillé	biscuits

کره	کشک	کیک
beurre	le fromage blanc	gâteau
		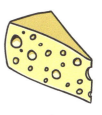
تخم مرغ	تخم مرغ نیمرو	پنیر
œuf	œuf au plat	fromage

غذا - alimentation

بستنی
glace

شکر
sucre

عسل
miel

مربا
confiture

کرم شکلاتی بادامی
crème nougat

ادویه کاری
curry

غذا - alimentation

مزرعه
ferme

خانه ی مزرعه داران / ferme
انبار غله / grange
خرمن کاه / botte de paille
مزرعه / champ
اسب / cheval
ماشین یدک کش / remorque
کره اسب / poulain
تراکتور / tracteur
خر / âne
بره / agneau
گوسفند / mouton

بز
chèvre

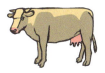

گاو ماده
vache

گوساله
veau

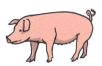

خوک
porc

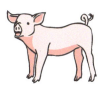

بچه خوک
porcelet

گاو نر
taureau

غاز
oie

اردک
canard

جوجه
poussin

مرغ
poule

خروس
coq

موش صحرایی
rat

گربه
chat

موش
souris

گاو نر اخته
bœuf

سگ
chien

لانه ی سگ
chenil

شلنگ باغبانی
tuyau de jardin

آبپاش
arrosoir

داس دسته بلند
faucheuse

گاوآهن
charrue

ferme - مزرعه

داس
faucille

کج بیل
pioche

چنگک باغبانی
fourche

تبر
hache

فرقون
brouette

آبشخور
cuve

بطری نگهداری شیر
pot à lait

کیسه
sac

حصار
clôture

اصطبل
étable

گلخانه
serre

خاک
sol

بذر
semences

کود
engrais

ماشین کمباین
moissonneuse-batteuse

ferme - مزرعه

برداشت کردن محصول

récolter

محصول

récolte

تمیس

igname

گندم

blé

سویا

soja

سیب زمینی

pomme de terre

ذرت

maïs

کلزا

colza

درخت میوه

arbre fruitier

گیاه مانیوک

manioc

غلات

céréales

خانه

maison

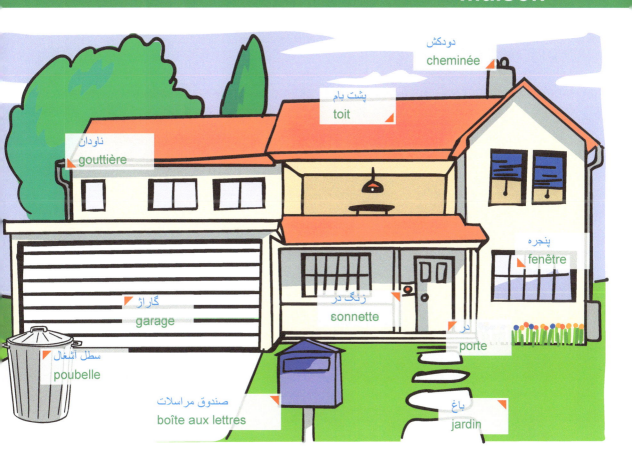

دودکش
cheminée

پشت بام
toit

ناودان
gouttière

پنجره
fenêtre

گاراژ
garage

زنگ در
sonnette

در
porte

سطل آشغال
poubelle

صندوق مراسلات
boîte aux lettres

باغ
jardin

اتاق نشیمن
salon

حمام
salle de bain

آشپزخانه
cuisine

اتاق خواب
chambre à coucher

اتاق بچه
chambre d'enfant

ناهارخوری
salle à manger

کف زمین
sol

دیوار
mur

سقف
plafond

زیرزمین
cave

سونا
sauna

بالکن
balcon

تراس
terrasse

استخر
piscine

ماشین چمن‌زنی
tondeuse à gazon

ملافه
housse

روتختی
couette

تخت خواب
lit

جارو
balai

سطل
sceau

سویچ یا کلید
interrupteur

اتاق نشیمن
salon

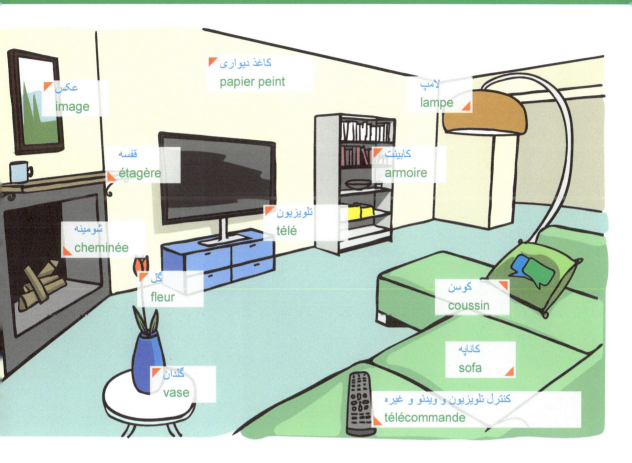

فرش
tapis

پرده
rideau

میز
table

صندلی
chaise

صندلی گهواره ایی
chaise à bascule

صندلی راحتی
fauteuil

کتاب

livre

لحاف

couverture

دکوراسیون

décoration

هیزم

bois de chauffage

فیلم

film

دستگاه ضبط صوت

chaîne hi-fi

کلید

clé

روزنامه

journal

تابلو نقاشی

peinture

پوستر

poster

رادیو

radio

دفترچه یادداشت

bloc-notes

جاروبرقی

aspirateur

کاکتوس

cactus

شمع

bougie

آشپزخانه

cuisine

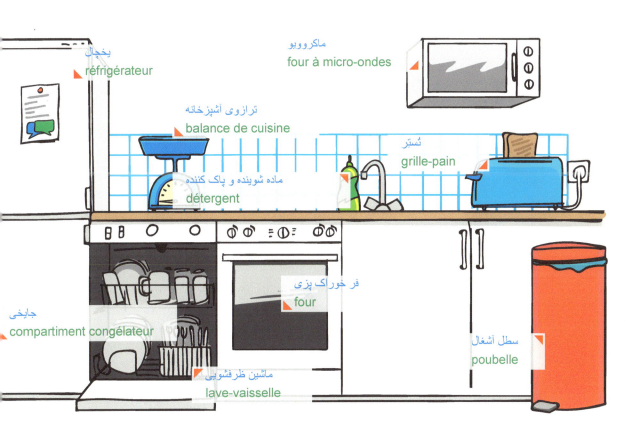

یخچال
réfrigérateur

ماکروویو
four à micro-ondes

ترازوی آشپزخانه
balance de cuisine

تُستر
grille-pain

ماده شوینده و پاک کننده
détergent

فر خوراک پزی
four

جایخی
compartiment congélateur

سطل آشغال
poubelle

ماشین ظرفشویی
lave-vaisselle

اجاق گاز
four

قابلمه
casserole

قابلمه چدنی
marmite

ماهی تابه گود
wok/kadai

ماهی تابه
poêle

کتری
bouilloire electrique

بخارپز
cuiseur vapeur

سینی فر
plaque de cuisson

ظرف چینی آشپزخانه
vaisselle

لیوان
gobelet

کاسه
coupe

چاپستیک
baguettes

ملاقه
louche

کفگیر
spatule

همزن
fouet

آبکش
passoire

آبکش
tamis

رنده
râpe

هاون
mortier

باربیکیو
barbecue

محل مخصوص افروختن آتش
cheminée

آشپزخانه - cuisine

تخته گوشت و سبزی	وردنه	در بطری بازکن
planche à découper	rouleau à pâtisserie	tire-bouchon

قوطی	در قوطی بازکن	دستگیره پارچه ای
boîte	ouvre-boîte	maniques

سینک ظرفشویی	برس گردگیری	اسفنج
lavabo	brosse	éponge

مخلوط کن	فریزر	شیشه شیر بچه
mixeur	congélateur	biberon

شیر آب		
robinet		

آشپزخانه - cuisine

حمام

salle de bain

توالت

toilettes

توالت ایرانی

toilette à la turque

کاسه توالت

bidet

توالت مخصوص آقایان

urinoir

دستمال توالت

papier toilette

فرچه توالت

brosse à toilette

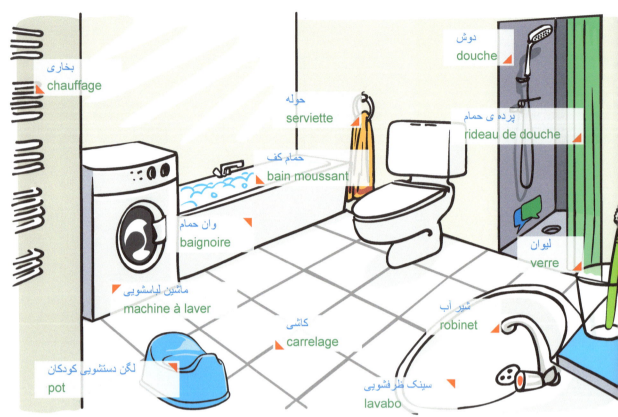

مسواک
brosse à dents

خمیردندان
dentifrice

نخ دندان
fil dentaire

شستن
laver

دوش آب تلفنی
douche manuelle

شلنگ توالت
douche intime

لگن روشویی
vasque

برس شست و شوی پشت
brosse dorsale

صابون
savon

شامپو بدن
gel douche

شامپو
shampooing

لیف حمام
gant de toilette

راه آب
écoulement

کرم
crème

اسپری دئودورانت
déodorant

salle de bain - حمام

آیینه
miroir

آیینه ی کوچک دستی
miroir cosmétique

تیغ ریش تراشی
rasoir

کف ریش‌تراشی
mousse à raser

افترشیو
après-rasage

شانه ی سر
peigne

برس
brosse

سشوار
sèche-cheveux

اسپری مو
laque pour cheveux

آرایش
fond de teint

رژلب
rouge à lèvres

لاک ناخن
vernis à ongles

پنبه
ouate

قیچی ناخن
coupe-ongles

عطر
parfum

حمام - salle de bain

کیف لوازم آرایشی و بهداشتی
trousse de toilette

چهارپایه
tabouret

ترازو
pèse-personne

حوله ی پالتویی
peignoir

دستکش ظرفشویی
gants de nettoyage

تامپون
tampon

نوار بهداشتی
serviettes hygiéniques

توالت سیار
toilette chimique

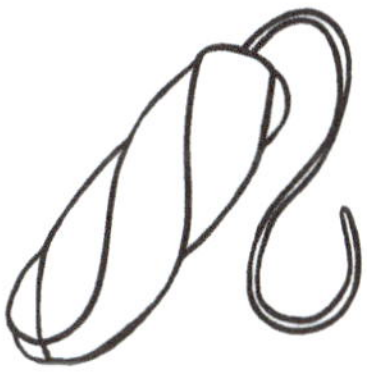

حمام - salle de bain

اتاق بچه
chambre d'enfant

ساعت زنگدار
réveil
نوعی عروسک نرم به شکل حیوانات
doudou
ماشین اسباب بازی
voiture jouet
جغجغه
hochet
خانه ی عروسکی
maison de poupée
کادو
cadeau

بادکنک

ballon

تخت خواب

lit

کالسکه بچه

poussette

بازی ورق

jeu de cartes

پازل

puzzle

داستان مصور

bande dessinée

اسباب بازی لگو

pièces lego

خانه سازی

blocs de construction

عروسک شخصیت های فیلم و کارتون

figurine

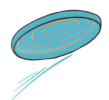

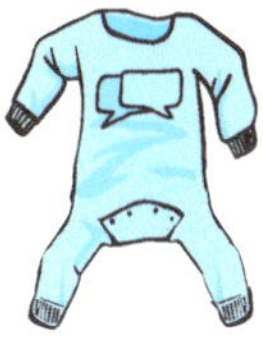

لباس نوزاد

grenouillère

فریزبی

frisbee

نوعی اسباب بازی که روی تخت نوزاد
یا کودک نصب می شود

mobile

بازی روی صفحه

jeu de société

تاس

dé

قطار اسباب بازی

train miniature

پستانک

sucette

مهمانی

fête

کتاب مصور

livre d'images

توپ

balle

عروسک

poupée

بازی کردن

jouer

جعبه شنی مخصوص بازی کودکان
bac à sable

تاب
balançoire

اسباب بازی
jouets

کنسول بازی های کامپیوتری
console de jeu

سه چرخه
tricycle

خرس عروسکی
ours en peluche

کمد لباس
armoire

لباس
vêtements

جوراب
chaussettes

جوراب زنانه ساق بلند
bas

جوراب شلواری
collant

شال
écharpe

چتر
parapluie

تی شرت
t-shirt

کمربند
ceinture

کفش ورزشی کتانی
baskets

پوتین
bottes

دمپایی
pantoufles

صندل
sandales

کفش
chaussures

چکمه پلاستیکی
bottes de caoutchouc

شرت
sous-vêtements

سوتین
soutien-gorge

جلیقه
maillot de corps

بادی
body

شلوار
pantalon

جین
jean

دامن
jupe

بلوز
chemisier

پیراهن
chemise

پولیور
pull

سویی شرت
sweat à capuche

نوعی کت
veste

ژاکت
veste

کت بلند
manteau

بارانی
imperméable

لباس نمایش
costume

لباس
robe

لباس عروس
robe de mariée

لباس - vêtements

کت و شلوار
costume

لباس خواب زنانه
chemise de nuit

پیژامه
pyjama

ساری
sari

روسری
foulard

عمامه
turban

برقع
burqa

قبا
caftan

عبا
abaya

لباس شنا
maillot de bain

شرت شنا
maillot de bain

شلوارک
short

لباس ورزشی
tenue d'entraînement

پیشبند
tablier

دستکش
gants

لباس - vêtements

دکمه

bouton

عینک

lunettes

دستبند

bracelet

گردنبند

collier

انگشتر

bague

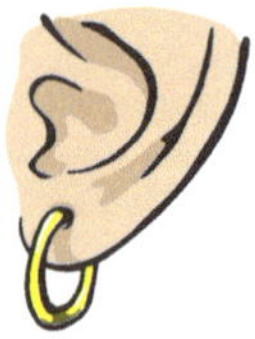

گوشواره

boucle d'oreille

کلاه لبه دار

bonnet

چوب لباسی

cintre

کلاه

chapeau

کراوات

cravate

زیپ

fermeture éclair

کلاه ایمنی

casque

بند شلوار

bretelles

لباس مدرسه

uniforme scolaire

لباس فرم

uniforme

لباس - vêtements

پیش بند بچه
bavoir

پستانک
sucette

پوشک بچه
lange

اداره
bureau

لیوان قهوه
gobelet à café

ماشین حساب
calculatrice

اینترنت
internet

لپ تاپ
ordinateur portable

نامه
lettre

پیغام
message

تلفن همراه
portable

شبکه ی ارتباطی
réseau

دستگاه فتوکپی
photocopieuse

نرم افزار
logiciel

تلفن
téléphone

پریز
prise

دستگاه فاکس
fax

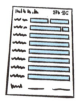
فرم
formulaire

مدرک
document

اداره - bureau

اقتصاد
économie

خریدن

acheter

پرداخت کردن

payer

تجارت کردن

faire du commerce

پول

monnaie

دلار

dollar

یورو

euro

ین

yen

روبل

rouble

فرانک سوئیس

franc suisse

یوان رنمینبی

renminbi yuan

روپیه

roupie

دستگاه خودپرداز

distributeur automatique

صرافی

bureau de change

طلا

or

نقره

argent

نفت

pétrole

انرژی

énergie

قیمت

prix

قرارداد

contrat

مالیات

taxe

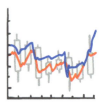

سهام سرمایه

action

کار کردن

travailler

کارمند

employé

کارفرما

employeur

کارخانه

usine

مغازه

magasin

اقتصاد - économie

مشاغل
professions

مامور پلیس
agent de police

آتش نشان
pompier

آشپز
cuisinier

دکتر
médecin

خلبان
pilote

باغبان
jardinier

نجار
menuisier

خیاط زنانه
couturière

قاضی
juge

شیمیدان
chimiste

بازیگر
acteur

راننده اتوبوس
conducteur de bus

راننده تاکسی
chauffeur de taxi

ماهیگیر
pêcheur

نظافتچی زن
femme de ménage

سقف ساز
couvreur

پیشخدمت رستوران
serveur

شکارچی
chasseur

نقاش
peintre

نانوا
boulanger

برقکار
électricien

کارگر ساختمانی
ouvrier

مهندس
ingénieur

قصاب
boucher

لوله کش
plombier

پستچی
facteur

مشاغل - professions

سرباز
soldat

معمار
architecte

صندوقدار
caissier

گل فروش
fleuriste

آرایشگر
coiffeur

مامور کنترل بلیط در قطار
contrôleur

مکانیک
mécanicien

ناخدا
capitaine

دندانپزشک
dentiste

دانشمند
scientifique

عالم یهودی
rabbin

امام
imam

راهب
moine

کشیش
prêtre

ابزارآلات
outils

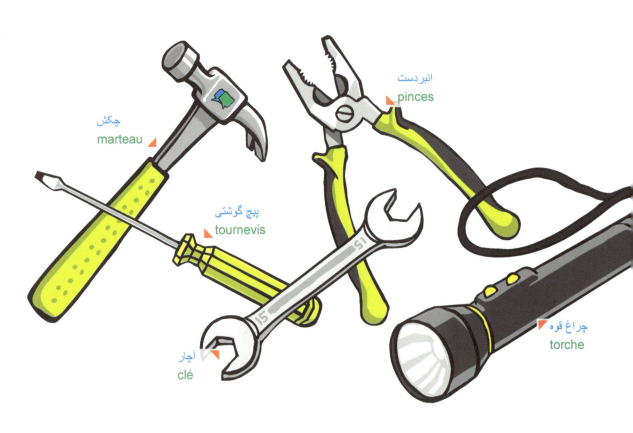

چکش — marteau

انبردست — pinces

پیچ گوشتی — tournevis

آچار — clé

چراغ قوه — torche

بیل مکانیکی
pelleteuse

جعبه ابزار
boîte à outils

نردبان
échelle

ارّه
scie

میخ
clous

مته
perceuse

تعمیر کردن
réparer

بیل
pelle

لعنتی!
Mince !

خاک انداز
pelle

سطل رنگرزی
pot de peinture

پیچ
vis

آلات موسیقی
instruments de musique

درامز — batterie

بلندگو — haut-parleurs

کنترباس — contrebasse

ترومپت — trompette

گیتار — guitare

57

پیانو	ویولن	گیتار بیس
piano	violon	basse

تیمپانی	طبل	کیبورد الکتریک
timbales	tambour	piano électrique

ساکسیفون	فلوت	میکروفون
saxophone	flûte	microphone

آلات موسیقی - instruments de musique

باغ وحش
zoo

حیوانات
animaux

فیل
éléphant

کانگورو
kangourou

کرگدن
rhinocéros

گوریل
gorille

خرس
ours

شتر

chameau

شترمرغ

autruche

شیر

lion

میمون

singe

فلامینگو

flamand rose

طوطی

perroquet

خرس قطبی

ours polaire

پنگوئن

pingouin

کوسه

requin

طاووس

paon

مار

serpent

تمساح

crocodile

نگهبان باغ وحش

gardien de zoo

خوک آبی

phoque

پلنگ امریکایی

jaguar

60 باغ وحش - zoo

اسب کوچک

poney

پلنگ

léopard

اسب آبی

hippopotame

زرافه

girafe

عقاب

aigle

گراز

sanglier

ماهی

poisson

لاک پشت

tortue

شیرماهی

morse

روباه

renard

غزال

gazelle

zoo - باغ وحش

ورزش ها

sports

فوتبال

football

بدمینتون

badminton

دوومیدانی

athlétisme

هندبال

handball

اسکی

ski

پولو

polo

فعالیت ها
activités

پریدن / sauter
خندیدن / rire
بغل کردن / embrasser
راه رفتن / marcher
آواز خواندن / chanter
رؤیا دیدن / rêver
دعا کردن / prier
بوسیدن / faire la bise

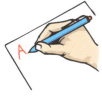

نوشتن
écrire

رسم کردن
dessiner

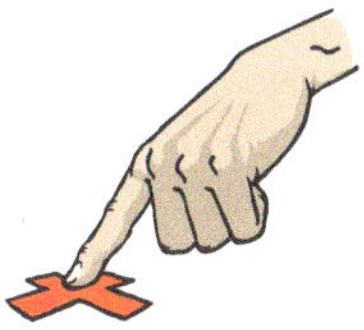

نشان دادن
montrer

هل دادن
pousser

دادن
donner

برداشتن
prendre

 داشتن avoir	 انجام دادن faire	 بودن être
 ایستادن être debout	 دویدن courir	 کشیدن trier
 پرتاب کردن jeter	 افتادن tomber	 دراز کشیدن être couché
 منتظر بودن attendre	 حمل کردن porter	 نشستن être assis
 لباس پوشیدن s'habiller	 خوابیدن dormir	 بیدار شدن se réveiller

تماشا کردن

regarder

گریه کردن

pleurer

نوازش کردن

caresser

شانه کردن

peigner

حرف زدن

parler

فهمیدن

comprendre

پرسیدن

demander

شنیدن

écouter

آشامیدن

boire

خوردن

manger

مرتب کردن

ranger

عاشق بودن

aimer

پختن

cuire

رانندگی کردن

conduire

پرواز کردن

voler

قایقرانی کردن
faire de la voile

محاسبه کردن
calculer

خواندن
lire

یاد گرفتن
apprendre

کار کردن
travailler

ازدواج کردن
se marier

دوختن
coudre

مسواک زدن
brosser les dents

کشتن
tuer

سیگار کشیدن
fumer

فرستادن
envoyer

فعالیت ها - activités

خانواده
famille

- مادربزرگ / grand-mère
- پدربزرگ / grand-père
- پدر / père
- مادر / mère
- کودک / bébé
- فرزند دختر / fille
- فرزند پسر / fils

مهمان
hôte

خاله، عمه
tante

دایی، عمو
oncle

برادر
frère

خواهر
sœur

بدن

corps

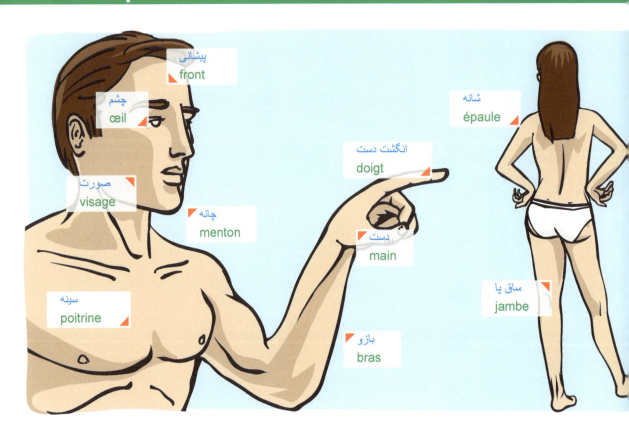

کودک

bébé

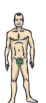

مرد

homme

زن

femme

دختربچه

fille

پسربچه

garçon

کله

tête

کمر

dos

شکم

ventre

ناف

nombril

انگشت پا

orteil

پاشنه

talon

استخوان

os

لگن

hanche

زانو

genou

آرنج

coude

بینی

nez

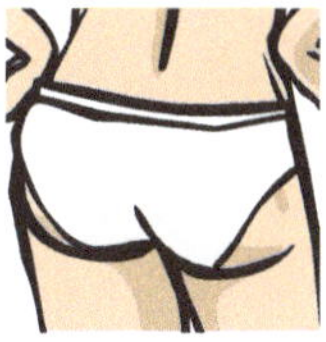

نشیمنگاه

fesses

پوست

peau

گونه

joue

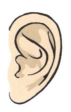

گوش

oreille

لب

lèvre

corps - بدن

دهان	دندان	زبان
bouche	dent	langue

مغز	قلب	عضله
cerveau	cœur	muscle

ریه	کبد	معده
poumons	foie	estomac

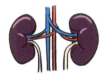  

کلیه	آمیزش جنسی	کاندوم
reins	rapport sexuel	préservatif

تخمک	اسپرم	حاملگی
ovule	sperme	grossesse

بدن - corps

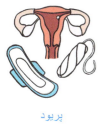
پریود
menstruation

واژن
vagin

آلت تناسلی مرد
pénis

ابرو
sourcil

مو
cheveux

گردن
cou

بیمارستان
hôpital

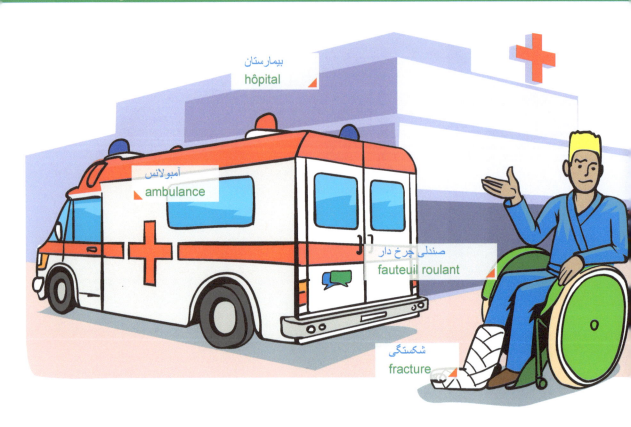

بیمارستان / hôpital

آمبولانس / ambulance

صندلی چرخ دار / fauteuil roulant

شکستگی / fracture

دکتر
médecin

بخش اورژانس
service des urgences

پرستار
infirmière

موقعیت اضطراری
urgence

بی هوش
inconscient

درد
douleur

مصدومیت

blessure

خونریزی

hémorragie

سکته قلبی

crise cardiaque

سکته مغزی

attaque cérébrale

آلرژی

allergie

سرفه

toux

تب

fièvre

آنفولانزا

grippe

اسهال

diarrhée

سردرد

mal de tête

سرطان

cancer

دیابت

diabète

جراح

chirurgien

چاقوی جراحی

scalpel

عمل جراحی

opération

سی تی اسکن
CT

پرتونگاری
radiographie

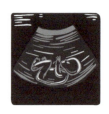
سونوگرافی
échographie

ماسک صورت
masque

بیماری
maladie

اتاق انتظار
salle d'attente

چوب زیر بغل
béquille

چسب زخم
pansement

پانسمان
pansement

تزریق
injection

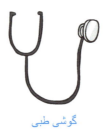
گوشی طبی
stéthoscope

برانکار
brancard

دماسنج
thermomètre

زایش
accouchement

اضافه وزن
surcharge pondérale

hôpital - بیمارستان

سمعک
appareil auditif

ماده ضد عفونی کننده
désinfectant

عفونت
infection

ویروس
virus

اچ آی وی / ایدز
VIH/sida

دارو
médicament

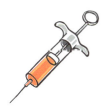
واکسیناسیون
vaccination

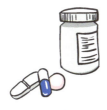
قرص
comprimés

قرص ضد حاملگی
pilule

تماس اظطراری
appel d'urgence

دستگاه اندازه گیری فشارخون
tensiomètre

مریض / سالم
malade/sain

بیمارستان - hôpital

موقعیت اضطراری

urgence

کمک!
Au secours !

آژیر خطر
alarme

حمله
assaut

حمله ی فیزیکی
attaque

خطر
danger

خروج اظطراری
sortie de secours

آتش
Au feu!

کپسول آتش‌نشانی
extincteur

تصادف
accident

جعبه کمک های اولیه
trousse de premier secours

درخواست کمک
SOS

پلیس
police

كره زمين
terre

اروپا
Europe

آمریکای شمالی
Amérique du Nord

آمریکای جنوبی
Amérique du Sud

آفریقا
Afrique

آسیا
Asie

استرالیا
Australie

اقیانوس اطلس
Océan atlantique

اقیانوس آرام
Océan pacifique

اقیانوس هند
Océan indien

اقیانوس اطلس جنوبی
Océan antarctique

اقیانوس منجمد شمالی
Océan arctique

قطب شمال
pôle nord

قطب جنوب

pôle sud

قاره قطب جنوب

Antarctique

کره زمین

terre

سرزمین

pays

دریا

mer

جزیره

île

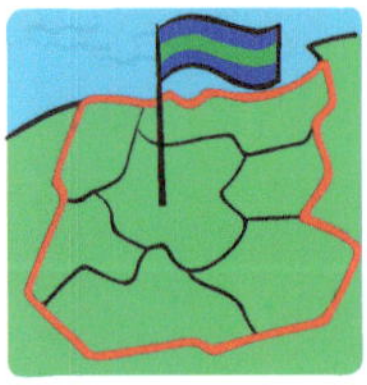

ملت

nation

کشور

état

ساعت
...heure(s)

صفحه ی ساعت

cadran

ساعت شمار

aiguille des heures

دقیقه شمار

aiguille des minutes

ثانیه شمار

aiguille des secondes

ساعت چند است؟

Quelle heure est-il ?

روز

jour

زمان

temps

اکنون

maintenant

ساعت دیجیتال

montre digitale

دقیقه

minute

ساعت

heure

هفته
semaine

دوشنبه
lundi

سه شنبه
mardi

چهارشنبه
mercredi

پنج شنبه
jeudi

جمعه
vendredi

شنبه
samedi

یک شنبه
dimanche

دیروز
....
hier

امروز
....
aujourd'hui

فردا
....
demain

صبح
....
matin

ظهر
....
midi

غروب
....
soir

روزهای کاری
....
jours ouvrables

آخر هفته
....
week-end

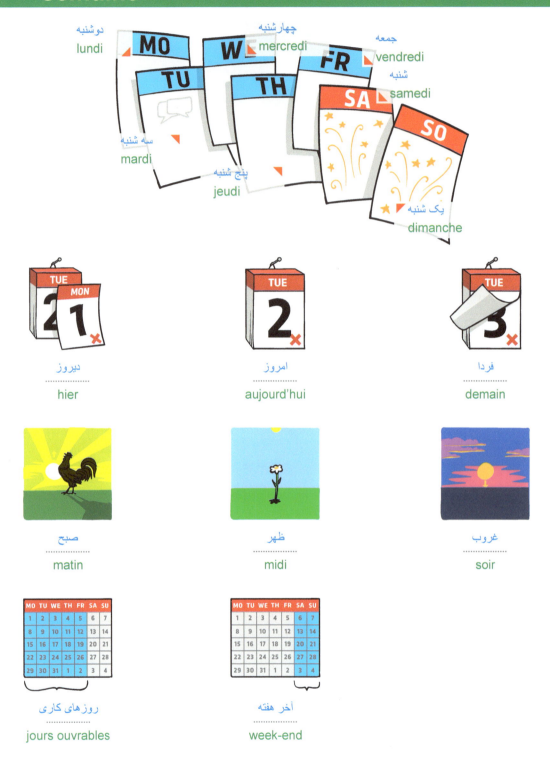

سال

année

باران pluie
رنگین کمان arc-en-ciel
برف neige
باد vent
بهار printemps
تابستان été
پاییز automne
زمستان hiver

پیش‌بینی اوضاع جوی
météo

دماسنج
thermomètre

تابش آفتاب
lumière du soleil

ابر
nuage

مه
brouillard

رطوبت هوا
humidité

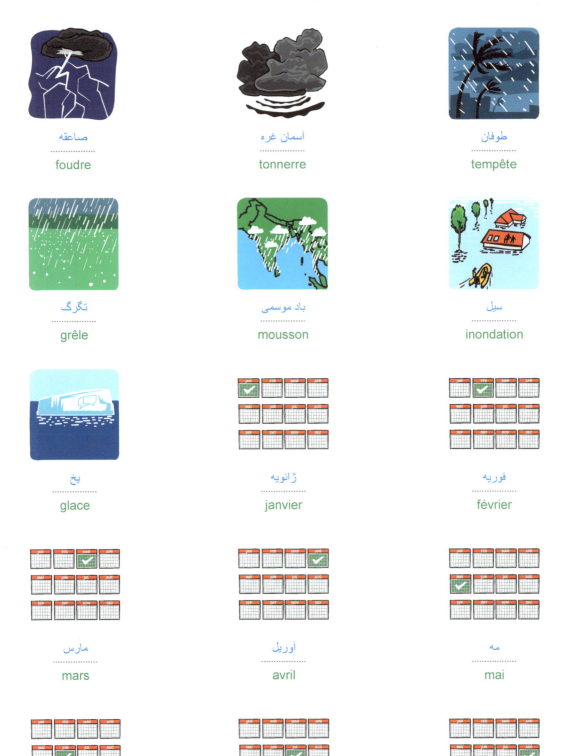

صاعقه	آسمان غره	طوفان
foudre	tonnerre	tempête

تگرگ	باد موسمی	سیل
grêle	mousson	inondation

یخ	ژانویه	فوریه
glace	janvier	février

مارس	آوریل	مه
mars	avril	mai

ژوئن	ژوئیه	اگوست
juin	juillet	août

سال - année

سپتامبر

septembre

أکتبر

octobre

نوامبر

novembre

دسامبر

décembre

آشکال

formes

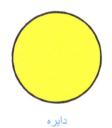

دایره

cercle

مربع

carré

مستطیل

rectangle

سه گوش

triangle

گره

sphère

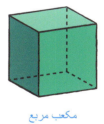

مکعب مربع

cube

رنگ ها

couleurs

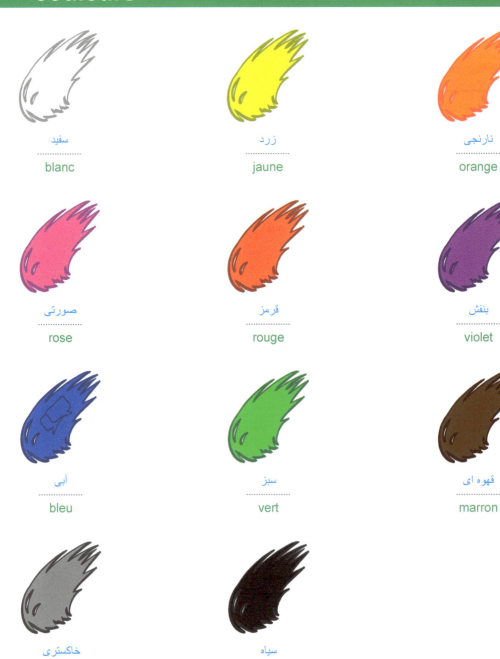

سفید	زرد	نارنجی
blanc	jaune	orange

صورتی	قرمز	بنفش
rose	rouge	violet

آبی	سبز	قهوه ای
bleu	vert	marron

خاکستری	سیاه	
gris	noir	

oppositions
متضاد ها

خیلی / کم

beaucoup/peu

خشمگین / آرام

fâché/calme

زیبا / زشت

joli/laid

شروع / پایان

début/fin

بزرگ / کوچک

grand/petit

روشن / تیره

clair/obscure

برادر / خواهر

frère/soeur

تمیز / آلوده

propre/sale

کامل / ناقص

complet/incomplet

روز / شب

jour/nuit

مرده / زنده

mort/vivant

پهن / باریک

large/étroit

قابل خوردن / غیر قابل خوردن
comestible/incomestible

غضبناک / مهربان
méchant/gentil

هیجان زده / بی حوصله
excité/ennuyé

چاق / لاغر
gros/mince

اولین / آخرین
premier/dernier

دوست / دشمن
ami/ennemi

پر / خالی
plein/vide

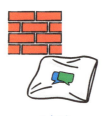
سفت / نرم
dur/souple

سنگین / سبک
lourd/léger

گرسنگی / تشنگی
faim/soif

مریض / سالم
malade/sain

غیرقانونی / قانونی
illégal/légal

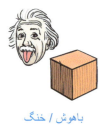
باهوش / خنگ
intelligent/stupide

چپ / راست
gauche/droite

نزدیک / دور
proche/loin

متضاد ها - oppositions

نو / استفاده شده

nouveau/usé

هیچ چیز / چیزی

rien/quelque chose

پیر / جوان

vieux/jeune

روشن / خاموش

marche/arrêt

باز / بسته

ouvert/fermé

آهسته / بلند

faible/fort

ثروتمند / فقیر

riche/pauvre

درست / غلط

correct/incorrect

زبر / صاف

rugueux/lisse

غمگین / خوشحال

triste/heureux

کوتاه / بلند

court/long

کند / تند

lent/rapide

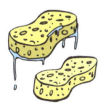

تر / خشک

mouillé/sec

گرم / خنک

chaud/froid

جنگ / صلح

guerre/paix

اعداد

nombres

0
صفر
zéro

1
یک
un/une

2
دو
deux

3
سه
trois

4
چهار
quatre

5
پنج
cinq

6
شش
six

7
هفت
sept

8
هشت
huit

9
نه
neuf

10
دَه
dix

11
یازده
onze

12
دوازده
douze

13
سیزده
treize

14
چهارده
quatorze

15
پانزده
quinze

16
شانزده
seize

17
هفده
dix-sept

18
هجده
dix-huit

19
نوزده
dix-neuf

20
بیست
vingt

100
صد
cent

1.000
هزار
mille

1.000.000
میلیون
million

nombres - اعداد

زبان ها

langues

انگلیسی

anglais

انگلیسی آمریکایی

anglais américain

چینی ماندارین

chinois mandarin

هندی

hindi

اسپانیایی

espagnol

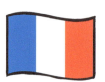

فرانسوی

français

عربی

arabe

روسی

russe

پرتغالی

portugais

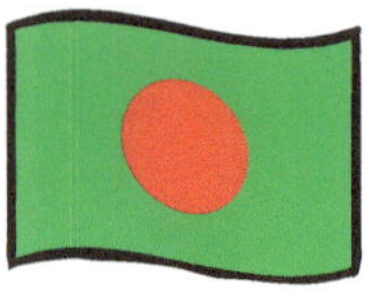

بنگالی

bengali

آلمانی

allemand

ژاپنی

japonais

چه کسی / چه چیزی / چگونه
qui/quoi/comment

من
je

تو
tu

او
il/elle

ما
nous

شما
vous

آنها
ils/elles

چه کسی؟ کی؟
Qui ?

چی؟
Quoi ?

چگونه؟
Comment ?

کجا؟
Où ?

کی؟
Quand ?

نام
nom

کجا
où

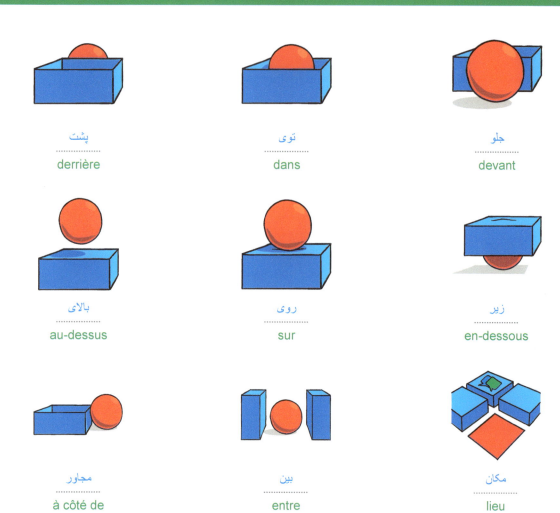

پشت / derrière

توی / dans

جلو / devant

بالای / au-dessus

روی / sur

زیر / en-dessous

مجاور / à côté de

بین / entre

مکان / lieu